LA

PILE DE VOLTA

POCHADE EN UN ACTE, MÊLÉE DE COUPLETS

PAR

MM. SIRAUDIN ET DE LA ROUNAT

REPRÉSENTÉE POUR LA PREMIÈRE FOIS, A PARIS, SUR LE THÉATRE DU PALAIS-ROYAL, LE 1er AOUT 1854.

PARIS
D. GIRAUD, LIBRAIRE-EDITEUR,
7, RUE VIVIENNE, AU PREMIER.

1854.

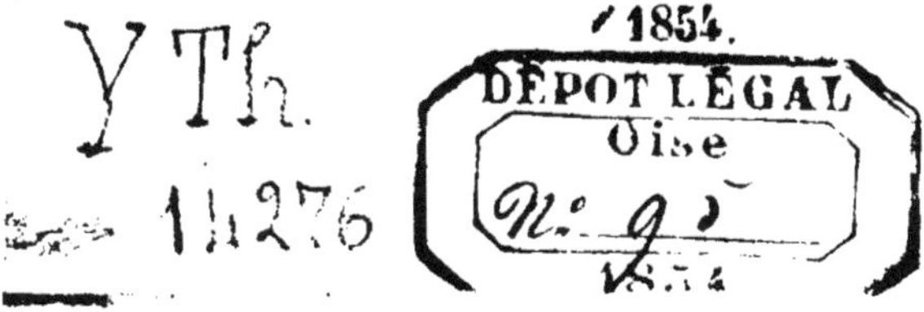

DISTRIBUTION DE LA PIÈCE :

VOLTA.	MM.	LHÉRITIER.
CORENTIN, grainetier à Senlis		HYACINTHE.
HUBERT, domestique paysan.		OCTAVE.
UN AGENT		MASSON.
UN COCHER DE FIACRE		LUCIEN.
MADAME VOLTA	Mlles	JULIETTE.
CLARISSE, fille de Volta		MERY.
THÉRÈSE, femme d'Hubert		DÉSIRÉE.

LA PILE DE VOLTA.

Un appartement simplement meublé. — Portes au fond. — Portes latérales.

SCÈNE I.

CLARISSE, seule, lisant une lettre. Elle est assise à droite, à une petite table.

(Haut.) « Ainsi, je te préviens d'avance... ton père veut te « faire une surprise, mais je lui en ôte tout le mérite en te « disant ce qui en est... A toi, ANNA. » (Parlé.) Oh! quel bonheur! je vais le revoir, ce cher Corentin... Anna m'écrit qu'il vient à Paris... pour m'épouser... que ce mariage est convenu à l'avance avec mon père et le sien... Mais, j'y pense... si je n'avais pas connu M. Corentin à Senlis, si je ne l'avais pas aimé...

Air du *Chateau perdu*.

Quel eût été mon dépit, ma colère,
Si, par malheur, un autre prétendant
Fût arrivé! Dans ce cas-là, mon père
Me mariait sans mon consentement.
Quel triste sort pour une jeune fille,
Quand le devoir nous impose la loi;
Se marier pour plaire à sa famille,
Lorsqu'on voudrait se marier pour soi.

C'est donc pour cela... qu'on m'a fait revenir aujourd'hui de mon pensionnat de Picpus, et qu'on m'a dit avec une certaine intention : nous aurons du monde à dîner ce soir... (Bruit au dehors.) Bon! c'est mon père... qui gronde ma belle-mère... Il a l'air furieux... Ma foi!... rentrons dans ma chambre. (Elle entre dans la chambre à gauche.)

SCÈNE II.

VOLTA, MADAME VOLTA.

(*Ils entrent bruyamment et fort animés. — Madame Volta jette son châle sur une chaise et arrache violemment son chapeau. — Volta jette aussi avec colère sa canne et son chapeau.*)

ENSEMBLE.

Air : *de la Filleule des fées*.

Ah! c'est par trop fort!
Quel triste sort

* Volta, madame Volta.

Qu' celui d'un' femme.
Monsieur, c'est infâme,
Être si jaloux !
Malheur à vous !

VOLTA.

Oui, c'est par trop fort !
Me donner tort.
Vous êt's ma femme,
A bon droit, madame,
Je suis jaloux !
Malheur à vous !

MADAME VOLTA.

C'est affreux !

VOLTA.

Très-bien !

MADAME VOLTA.

C'est bête !...

VOLTA.

Madame !...

MADAME VOLTA.

C'est stupide...

VOLTA.

Oh ! mais...

MADAME VOLTA.

Me faire une scène pareille sur ce boulevard où vous êtes connu... amasser du monde... Tenez, je vous le repète... vous êtes stupide...

VOLTA.

Comment... nous passons bras dessus bras dessous... je vous quitte un instant... pour acheter un cigarre... et quand j'ai payé et allumé mon cigarre... que je reviens à vous... je vous trouve causant... avec un drôle, un polisson...

MADAME VOLTA.

Un passant.

VOLTA.

Je ne crois pas aux passants...

MADAME VOLTA.

Qui me demandait la rue Bleue...

VOLTA.

C'est une couleur... oh ! pardonnez-moi ce jeu de mots... je ne suis pas en humeur d'en faire... il m'a échappé, croyez-le bien... mais la rue Bleue, c'est la mienne... or comme vous êtes ma femme, la rue Bleue est la vôtre... donc, en vous demandant la rue Bleue, c'est comme s'il vous demandait votre adresse.

MADAME VOLTA.

Imbécile !

VOLTA.

Vous dites, madame ?... vous avez dit madame ?

MADAME VOLTA.

J'ai dit imbécile... êtes-vous content ?...

VOLTA.

Eh bien ! oui, je suis content... j'aime mieux être imbécile... que d'être...

MADAME VOLTA.

Pas d'impertinence... monsieur Volta.

VOLTA.

Madame Volta, pas de menaces !...

MADAME VOLTA.

Eh bien ! si... il faut que cela finisse, il y a longtemps que je vous le dis... j'en ai assez de votre mauvaise humeur et de votre affreuse jalousie... Quand on ne peut plus vivre ensemble, que la maison est un enfer... il n'y a plus qu'une chose à faire, c'est de se séparer...

VOLTA.

Ah ! c'est cela... vous demandez à vous séparer... pour nouer plus à votre aise cette intrigue que j'ai surprise sur le boulevard...

MADAME VOLTA, *haussant les épaules.*

Mais je ne le connais pas, ce malheureux jeune homme, je ne l'ai jamais vu...

VOLTA.

Alors, un jeune homme qui parle à une jeune femme sans la connaître, l'insulte.

MADAME VOLTA.

Allons, bon !... voilà qu'on m'insulte en me parlant... mais il était très poli, ce monsieur... il n'y avait pas la moindre raison pour frapper et frapper si brutalement.

VOLTA.

Eh bien !... admettons encore cela... je me suis trompé... bon !

MADAME VOLTA.

C'est heureux pour lui !

VOLTA.

Il n'en mourra pas, ou ça m'étonnerait... D'ailleurs, quoi ? si ce monsieur n'est pas content, il saura où me trouver... Je l'ai frappé, c'est vrai !... je l'ai frappé très fort... c'est encore vrai... il a été renversé du premier coup, c'est toujours vrai... mais avant qu'il ait eu le temps de se relever, je lui ai mis ma carte... dans son gilet, et s'il veut m'envoyer ses témoins...

MADAME VOLTA.

La belle avance !

VOLTA.

Madame, je n'ai jamais reculé... je suis vif, j'en conviens, très vif, j'ai de qui tenir... ce n'est pas du sang, c'est de l'électricité qui circule dans mes veines... j'en conviens encore... que voulez-vous? je me nomme Volta... Martial-Côme-Annibal Volta... petit cousin du grand Volta, l'inventeur de l'appareil si connu... « La pile est parmi nous affaire de famille. » Celle que j'ai flanquée à ce drôle n'était pas électrique... mais elle était pommée...

Air de *Ninon chez madame de Sévigné.*

J'étais contre lui furieux
De ce qu'il vous faisait injure,
Et je décochai de mon mieux,
Trois coups de poing sur sa figure;
S'il se plaint de c' qu'il a reçu,
Il a tort; car c'est, quoi qu'il fasse,
La première fois qu'on a vu
La pil' du côté de la face.

MADAME VOLTA.

Eh bien! moi, je vous répète, monsieur, que j'ai de cette existence là plus que ma charge, que mon parti est pris et bien pris... que j'obtiendrai séparation... et que, pas plus tard qu'aujourd'hui, je vais aller consulter...

VOLTA.

Amélie... vous êtes cruelle, de me parler de séparation... au moment... où Clarisse, votre belle-fille... est ici...

MADAME VOLTA.

Ah! si vous avez rendu votre première femme aussi heureuse que moi... je ne m'étonne pas que vous l'ayez perdue... Clarisse me pardonnera... je vengerai sa mère...

VOLTA.

Voyez, Amélie, quel exemple vous donneriez à cette enfant et à mon gendre... qui nous arrive de Senlis et qui dîne aujourd'hui avec nous; un garçon charmant!

MADAME VOLTA.

Vous ne l'avez pas encore vu...

VOLTA.

Non; mais ma sœur qui habite Senlis où les Corentin sont grainetiers de père en fils depuis cent cinquante ans, ma sœur m'en répond comme d'un garçon charmant... Il plaît à ma fille, qui l'a vu, l'année dernière, à Senlis, où elle est allée passer ses vacances... Ainsi, Amélie, que ces jeunes gens ne soient pas témoins de nos dissentions domestiques...

MADAME VOLTA.

Soit! (*Elle lui tend la main.*)

VOLTA.

Chère amie!... (*A part.*) Elle m'a pardonné bien facilement... décidément elle a une intrigue... j'aurai l'œil dessus... Eh bien! où allez-vous ?

MADAME VOLTA.

Il faut bien organiser... un dîner pour monsieur votre gendre... puisque la bonne et le domestique qui devaient nous arriver de Meaux ne sont pas encore venus.

VOLTA.

Comme c'est gai, cela!

MADAME VOLTA.

Dame! c'est vous qui me les avez proposés... un domestique et une bonne, mari et femme...

VOLTA.

On ne saurait trop s'entourer d'une domesticité morale et rassurante.

MADAME VOLTA, *haussant les épaules.*

Ah!

VOLTA, *à part.*

Elle hausse les épaules... Décidément, elle a une intrigue... Ah! si j'ai un regret, c'est de ne pas avoir tapé assez fort!... mais, il est averti, et quand on est averti comme ça, on sait ce que c'est... on est à moitié mort!... (*Haut.*) Madame!

MADAME VOLTA.

Eh bien?

VOLTA.

Eh bien!... faites les préparatifs de ce dîner... moi, je vais acheter un melon.

AIR : *Zerline.* (Achetez, voici des Oranges).

VOLTA.

Bon melon, excellente femme,
Sont rares à trouver, dit-on ;
Pour vous, je suis fixé, madame,
Nous allons voir pour le melon.

MADAME VOLTA.

Non, je ne crois pas sur mon âme,
Que votre choix sera fort bon ;
Vous méconnaissez votre femme,
Nous verrons bien pour le melon.

SCÈNE III.

MADAME VOLTA, *seule.*

Oh! oui, je renonce à mes projets de séparation, mais momentanément... car lorsque ma belle-fille sera mariée... J'ai déjà consulté monsieur Duval, notre avoué... « Il n'y a que « deux raisons qui puissent amener une séparation entre vous « et votre mari, m'a-t-il dit, la première, si monsieur Volta « vous trompait... » — Me tromper!... lui?... c'est fidèle... comme un battant de cloche. — « Ou bien, si vous le trompiez, « vous! » — Malheur... (*Se reprenant.*) Heureusement que je suis une honnête femme... Eh bien! non, là, j'ai eu tort... de ne pas lui laisser croire... que cet infortuné du boulevard Montmartre me faisait la cour... mais si ça se retrouve, monsieur Volta, prenez-y garde...

SCÈNE IV.

MADAME VOLTA, HUBERT.*

MADAME VOLTA.

Un homme!

HUBERT, *lisant.*

Monsieur Vol... Vol... to?...

MADAME VOLTA.

...Ta... Mais n'importe... que lui voulez-vous?

HUBERT.

J' vas vous dire... madame... je suis Hubert...

MADAME VOLTA.

Ah! bien, je vous attendais.

HUBERT.

J'arrive de Meaux...

MADAME VOLTA.

Il est temps.

HUBERT.

En Brie.

MADAME VOLTA.

C'est bon!

HUBERT.

Ah! oui, très-bon!.. le fromage, surtout...

MADAME VOLTA.

Mais, votre femme?

HUBERT.

Thérèse?... elle a dû vous dire... voilà ce que c'est... J' sa-

* Hubert, madame Volta

vais qu' vous attendiez après nous, alors j'ai dit à mon épouse : va devant, prends le bateau-poste du canal qui part le matin... moi, je prendrai le chemin de fer de huit heures, voilà pourquoi...

MADAME VOLTA.

Eh bien ! où est-elle ?

HUBERT.

Ma femme ?

MADAME VOLTA.

Sans doute...

HUBERT.

Elle n'est pas ici ?

MADAME VOLTA.

Mais non.

HUBERT.

Elle n'est pas venue... ah ! mille noms d'un nom !

MADAME VOLTA.

Enfin, vous voilà... c'est toujours ça...

HUBERT, *marchant agité et n'écoutant pas madame Volta.*

Je m'en doutais... elle aura rencontré le fils à Jean-Louis.

MADAME VOLTA.

Vous allez m'aider...

HUBERT, *même jeu.*

Cristi !

MADAME VOLTA.

Eh bien ! qu'est-ce qui vous prend ?

HUBERT, *même jeu.*

Après ça... mais non...

MADAME VOLTA.

Vous n'entendez donc pas ?

HUBERT.

Si, madame, si...

MADAME VOLTA.

Votre femme aura été retardée... elle va arriver... venez toujours que je vous montre ce que vous aurez à faire en attendant.

HUBERT.

A faire ?... moi, travailler ?... quand ma femme... faire votre ouvrage ? quand le fils à Jean-Louis... nenni dà !...

MADAME VOLTA.

Mon Dieu ! seriez-vous jaloux ?

HUBERT.

Comme une carpe, une vraie carpe...

MADAME VOLTA.

Ah!... bien!... la maison va devenir agréable...

HUBERT.

Faut que j'en aie le cœur net... je vas jusqu'à La Villette... au devant de mon épouse...

MADAME VOLTA.

Y pensez-vous?... mais j'ai besoin de vos services... mon dîner... *

HUBERT.

Ah! madame, ne comptez pas sur Hubert pour ça... quand j'ai la tête troublée, j'ai la main malheureuse... vous auriez de la casse gros comme moi.

MADAME VOLTA.

Mais attendez, au moins.

HUBERT.

C'est ça... je m'en vais attendre... merci... j'ai déjà peut-être trop attendu...

Air des *Scythes*.

MADAME VOLTA.

Mais restez donc!

HUBERT.

Moi, que je reste?
Lorsque ma femme... ah! je prévoi...
Un accident par trop funeste;
Je pars, ne comptez guèr' sur moi,
Vous le voyez, j' n'ai pas la tête à moi.
Et ce Jean-Louis qui fait l'œil à ma femme,
Et puis ma femm' pour me faire endêver...
Ah! si ma femm' n'arrive pas, madame,
On ne sait pas ce qui peut arriver.

SCÈNE V.

MADAME VOLTA, puis CLARISSE.**

MADAME VOLTA.

Ah! c'est à en perdre la tête!...

CLARISSE, *entrant*.

Eh bien! maman, qu'avez-vous donc?

MADAME VOLTA.

Clarisse!... Rien, mon enfant!

* Madame Volta, Hubert.

** Clarisse, madame Volta.

CLARISSE.

Je sais que vous n'avez pas de domestiques, que vous attendez du monde aujourd'hui... si vous voulez que je vous aide...

MADAME VOLTA.

Non, ma bonne petite, non... Ton père et moi, nous suffirons à tous ces petits tracas... D'ailleurs, nous n'attendons pas grand monde...

CLARISSE.

Une seule personne...

MADAME VOLTA.

Comment sais-tu ?...

CLARISSE.

Je ne sais pas... je demande...

MADAME VOLTA.

Oui, ma fille, nous n'avons qu'une personne en plus à notre dîner... et cette personne, tu la connais...

CLARISSE.

Ah !

MADAME VOLTA.

Comme tu me réponds indifféremment... Pourquoi ne me demandes-tu pas quelle est cette personne ?

CLARISSE.

Puisqu'elle vient dîner avec nous, je ne suis pas impatiente de savoir... qui elle peut être...

MADAME VOLTA.

Clarisse... tu sais que ce jeune homme...

CLARISSE.

Ah ! c'est un jeune homme ?...

MADAME VOLTA.

Oui... tu sais que c'est monsieur Corentin ?...

CLARISSE.

Ah !

MADAME VOLTA.

Tu sais qu'il vient ici pour se marier ?... Tu sais que c'est à toi qu'on le destine ?...

CLARISSE.

Eh bien ! oui, maman, je sais cela... Anna me l'a écrit ce matin... Mais, est-ce que cela vous fâche, maman, de me savoir instruite d'une chose qui m'intéresse si fort ?

MADAME VOLTA.

Non, ma bonne petite... mais je veux que tu sois belle, calme, reposée, pour l'arrivée de ton futur.

THÉRÈSE, *paraissant à la porte du fond.**

Monsieur Volta ?...

MADAME VOLTA.

N'allez pas plus loin... c'est ici... vous êtes Thérèse... vous arrivez de Meaux.

THÉRÈSE.

Alors, je vois bien que c'est vous qui êtes ma bourgeoise.

MADAME VOLTA.

Attendez un peu. (*A Clarisse.*) Ma fille, rentre dans ta chambre... Il est bientôt trois heures... on dîne à cinq... tu n'as que le temps de faire ta toilette...

CLARISSE.

Oui, maman.

ENSEMBLE.

Air de *la Péri.*

MADAME VOLTA.

Va mettre ta robe nouvelle,
Va, mon enfant, car, entre nous,
On ne saurait être trop belle
Pour plaire à son futur époux.

CLARISSE.

Pour moi, cette heure est solennelle,
Je dois l'avouer entre nous ;
On ne saurait être trop belle
Pour plaire à son futur époux.

THÉRÈSE.

Ell' va mettre un' robe nouvelle ;
J' vois qu' c'est ici comme chez nous ;
Il faut toujours se faire belle
Pour plaire à son futur époux.

SCÈNE VI.

MADAME VOLTA, THÉRÈSE. **

MADAME VOLTA.

Vous êtes un peu en retard...

THÉRÈSE.

Pardon, madame, mais il y avait un embarras de bateaux sur le canal...

MADAME VOLTA.

Et votre mari... qui vous cherche ; il est inquiet... il court...

* Clarisse, madame Volta, Thérèse.

** Madame Volta, Thérèse.

THÉRÈSE.

Ah ben !... il peut courir ; l'exercice lui fera du bien...

MADAME VOLTA.

Tiens... vous prenez cela si facilement, vous?

THÉRÈSE.

Pardienne ! faut-il pas se désoler, parce que monsieur est jaloux...

Air : *Est-ce ma faute, dà ?*

Qu' mon mari tempête
Autant qu'il voudra ;
Bon ch'val de trompette,
Moi, je m' moq' de ça.
S'il veut fair' du bruit,
S'il s' met en furie,
Si mon mari crie...
J' cri' pus fort que lui.

Je n'ai rien à craindre ;
Si l'orage vient,
C'est lui qu'est à plaindre,
Et v'là mon moyen :
Qu' monsieur mon mari
Menace ou bien frappe,
Peu m'importe, moi j' tape,
J' tap' plus fort que lui. *(ter.)*

MADAME VOLTA.

Elle est bien heureuse.... mais au plus pressé... j'ai à sortir pour le dîner... ici est la cuisine... je vous recommande ce que j'ai sur le feu.

THÉRÈSE.

Oui, madame...

MADAME VOLTA.

Je vais courir chez Félix commander un vol-au-vent... et de là chez Potel... Si mon mari vient... vous lui direz... vous ne lui direz rien, ce sera plutôt fait.

THÉRÈSE.

Et que vous aurez raison.

MADAME VOLTA.

Elle a du bon, cette fille...

(Madame Volta sort par la droite.)

SCÈNE VII.

THÉRÈSE, seule.

Est-il bête, cet Hubert... d'être jaloux et de courir comme ça après moi... est-ce que je cours après lui, moi?... est-ce que je suis jalouse?... mais, voyons... occupons-nous... du ménage...

SCÈNE VIII.

THÉRÈSE, CORENTIN, UN COCHER DE FIACRE, UN GARÇON DE CAFÉ.*

ENSEMBLE.

Air :

CORENTIN.

Mon Dieu ! quel mal de tête affreux !
Je puis à peine ouvrir les yeux !
Je sens flageoler mes genoux.
Où me conduisez-vous ?

LE COCHER ET LE GARÇON DE CAFÉ.

Allez, ce n'est pas dangereux,
Cela va bientôt aller mieux,
Courage ! appuyez-vous sur nous...
Vous v'là rendu chez vous ?

THÉRÈSE.

Mon Dieu ! le pauvre malheureux,
Il peut à peine ouvrir les yeux ;
Il est tout sens dessus dessous
Où le conduisez-vous ?

THÉRÈSE.

Qu'est-ce que c'est que ça ?...

LE COCHER.

C'est votre maître...

THÉRÈSE.

Ah ! mon Dieu !...

LE COCHER.

Ayez pas peur... c'est rien... il n'y faut que du repos...

THÉRÈSE.

Qu'a-t-il donc ?

(*On amène Corentin sur le canapé.*)

LE COCHER.

Je vais vous dire... il paraît qu'il a eu des histoires avec un monsieur... qui l'a tarabusté... et puis qui s'est sauvé après... Je me suis approché... il n'avait que cette carte dans la poche de son gilet... je n'ai fait ni une ni deux, je l'ai emballé... et voilà !...

THÉRÈSE.

Merci bien, mon brave...

* Thérèse, le Cocher, Corentin, le Garçon

LE COCHER.

Ah! mais l'humanité avant tout... c'est quarante sous, ma petite mère...

THÉRÈSE.

Voilà, voilà!

LE COCHER.

Faites-lui prendre un verre d'eau... et ça ne sera rien, il n'est qu'étourdi... Au revoir, mam'selle...

(*Le cocher sort avec le garçon de café.*)

SCÈNE IX.

CORENTIN, THÉRÈSE.

THÉRÈSE.*

Ah! mon cher monsieur, qu'est-ce que vous avez?

CORENTIN, *d'une voix faible.*

J'ai des inquiétudes...

THÉRÈSE.

Dans les jambes?...

CORENTIN.

Non... dans la figure!

THÉRÈSE.

Pauvre homme!...

CORENTIN.

Et puis dans les reins.

THÉRÈSE.

Ah! mon Dieu!

CORENTIN.

Et puis dans le dos... Ah! j'en ai vu de ces... L'expression de trente-six chandelles, donnerait une faible idée de l'illumination qu'on vient de me faire voir si je pouvais dormir... ça me ferait du bien... (*Il reste étendu.*)

THÉRÈSE.

Je vais lui préparer une tasse de tilleul.

(*Elle sort à droite.*)

SCÈNE X.

CORENTIN seul.

CORENTIN.

Où suis-je?... un canapé... un salon... (*Regardant.*) Des tableaux!... mais j'y pense... (*Se levant.*) Oh!... (*Il se frotte.*)

* Thérèse, Corentin.

J'ai reçu une volée... j'ai reçu des coups de poing... oh !... (*Il se rassied.*) Conçoit-on ça?... je m'adresse à une dame... ah ! il faut tout dire... j'arrive de province... je ne connais pas Paris... je m'approche d'une dame très poliment... je lui demande, la bouche en cœur... « La rue Bleue, s'il vous plaît...» ah ! j'oubliais... la rue Bleue, c'est une rue où je suis invité à dîner en ville... « La rue Bleue ? s'il vous plaît...» je n'avais pas plus tôt achevé ces deux mots : vous plait, qu'il me tombe sur l'estomac... ah ! j'oubliais... j'ai l'estomac très sensible... il me tombe, sur l'estomac, un coup de poing... et puis, sur la figure, trois giffles... chez nous on dit une calotte... il y a des pays où on dit un soufflet... mais je sais qu'à Paris ça se nomme une giffle !... ah !... quelles giffles !... mon Dieu ! quelles giffles !... oh !... mais où suis-je ?... (*Regardant un tableau.*) Tiens ! c'est Poniatowski, blessé, traversant l'Elster... Au moins, celui-là, il a été frappé sur le champ d'honneur !... tandis que moi... oh ! tiens... j'ai de la peine à m'asseoir... j'ai été frappé dans l'ombre... Etourdi du premier coup... le lâche qui m'a assailli a continné sa gamme chromatique... sur mon individu... et, à chaque mouvement que je fais... je me découvre une nouvelle douleur... mais, où est-il, le gueux qui m'a ainsi détérioré ?

SCÈNE XI.

CORENTIN, VOLTA, *un melon à la main.**

VOLTA.

Me voilà !

CORENTIN.

Hein ?

VOLTA.

Plaît-il ?

CORENTIN.

Grands Dieux !...

VOLTA.

Ah ! voilà qui est un peu violent, par exemple !...

(*Il pose le melon et prend sa canne.*)

CORENTIN.

C'est mon bourreau !

VOLTA.

Ah ! je t'y pince là chez moi !...

CORENTIN.

Mais...

VOLTA.

Ah ! non content de parler à ma femme sur le macadam... tu

* Volta, Corentin.

viens jusque dans mes lares... Ciel, pardonne-moi le jeu de mots que je vais faire!... je vais te frotter un peu le tien...

CORENTIN.

Ah! ça, monsieur...

VOLTA.

Tu es donc un gueugueux?...

CORETTIN.

Je vous jure que je ne suis pas un gueugueux... *

VOLTA.

Tu tournailles donc autour de ma femme?...

CORENTIN.

Oh!... pourquoi tournaillerais-je? je puis vous affirmer...

VOLTA.

Ah! tu as peur, tu trembles, tu fouines...

CORENTIN.

Pour ce qui est de fouiner... j'ignore complètement l'acception de ce mot... mais, n'importe... je l'avouerai... je fouine...

VOLTA.

Le lâche!... et voilà les hommes que nos femmes choisissent!... voilà les misérables qui jettent le trouble dans nos ménages... et voilà celui que mon épouse...

CORENTIN.

Je ne la connais pas!...

VOLTA.

Tu la renies au moment du danger!... pouah!...

CORENTIN.

Ah!... mais à la fin... laissez-moi m'expliquer...

VOLTA.

Eh bien! voyons... je serai placide et longanime... je te laisse t'expliquer...

CORENTIN

D'abord, pourquoi me tutoyez... vous?...

VOLTA.

Va toujours... va toujours...

CORENTIN. **

Voilà l'affaire qui est bien simple... j'arrive de province... je vais dîner en ville...

* Corentin, Volta.

** Volta, Corentin.

VOLTA.

Plus je te regarde... et plus je trouve que tu as l'air d'une canaille... mais, va toujours...

CORENTIN.

Mais quant à madame votre femme... je ne la connais pas... et si elle était là... elle m'aiderait à vous détromper sur mon compte...

VOLTA.

Eh! justement la voici!...

CORENTIN, *avec joie.*

Ah!...

SCÈNE XII.

LES PRÉCÉDENTS, MADAME VOLTA.*

MADAME VOLTA, *entrant par le fond.*

Le monsieur du boulevard!

CORENTIN.

Madame... au nom du ciel!

VOLTA.

Taisez-vous! (*A sa femme.*) Connaissez-vous monsieur?

MADAME VOLTA.

Monsieur?

VOLTA.

N'est-ce pas qu'il est votre amant, madame, ce joli jeune homme?

MADAME VOLTA, *à part.*

Si j'osais... Ah! quelle occasion!

CORENTIN.

Je ne suis pas un joli jeune homme!...

VOLTA.

Taisez-vous! Eh bien! madame?...

MADAME VOLTA, *à part.*

Ah!... qu'est-ce que je risque?... (*Haut.*) Eh bien! monsieur, puisqu'il faut l'avouer...

CORENTIN.

Moi!...

VOLTA, *atteré.*

Ah!... j'aurais voulu douter encore... (*D'une voix altérée.*) C'est bien, madame!...

* Volta, madame Volta, Corentin.

CORENTIN.

Je ne m'explique pas...

MADAME VOLTA.

Toute feinte est inutile !...

VOLTA.

Assez, madame... retirez-vous !... Il ne me reste plus qu'à massacrer monsieur...

CORENTIN.

Ah ! mais, non !...

MADAME VOLTA, *sérieusement.*

Mais il me fait peur !... Ah ! je vais tout lui dire...

CORENTIN.

Oh !... oui, dites-lui tout...

MADAME VOLTA.

Je t'ai trompé, mon ami...

VOLTA.

Encore, madame !...

MADAME VOLTA.

Non... tu n'y es pas... écoute-moi, Annibal...

CORENTIN.

Ecoute-la, Annibal !...

VOLTA.

Vous le voyez, madame... il m'appelle Annibal... vous l'avez initié à mon petit nom... Allez-vous-en !... allez-vous-en !... *

MADAME VOLTA.

Mais je ne peux pas laisser monsieur sans...

CORENTIN.

Oh ! non... ne me laissez pas sans...

VOLTA.

Madame... je vous le répète... partez... et laissez-moi causer avec monsieur. (*Elle sort.*)

CORENTIN.

Non !... je me refuse à ses causeries...

SCÈNE XIII.

CORENTIN, VOLTA. **

VOLTA, *à part.*

Soyons digne !... (*Haut.*) Je pourrais vous pulvériser, monsieur !... je pourrais vous broyer !... je pourrais vous mettre en bringues... !

* Madame Volta, Volta, Corentin.
** Corentin, Volta.

CORENTIN.

Permettez...

VOLTA.

Oh ! n'essayez pas de me faire croire que j'ai dit meringues ; c'est bringues, entendez-vous ?

CORENTIN.

J'avais bien entendu...

VOLTA.

Mais je ne veux pas abuser de mes avantages... au lieu d'une tripotée que je pourrais vous donner, je vous offre un duel...

CORENTIN.

Un duel !...

VOLTA.

Oh ! hésiteriez-vous encore ?

CORENTIN.

Moi ?

VOLTA.

Oh ! merci, mon Dieu ! qu'il ait accepté ce duel, sans cela, je l'assommais !... Merci, mon Dieu !... je ne serai pas criminel, je ne serai qu'un ferrailleur...

CORENTIN

Demain.

VOLTA.

Oh ! non...

CORENTIN.

Ce soir !...

VOLTA.

Oh ! non !...

CORENTIN.

Dans une heure...

VOLTA.

Non !... tout de suite !... Voici des pistolets, des épées ; je suis également fort sur ces deux ustensiles... choisissez... cela m'importe peu...

CORENTIN.

Ici ?... sans témoins ?...

VOLTA.

Je n'en veux pas à ma honte !... Allons, allons, choisissez !

CORENTIN.

Eh bien ! je choisis l'épée...

VOLTA.

Très-bien !... voici... (*Il lui donne une épée.*) moi, je choisis le pistolet...

CORENTIN.

Comment?

VOLTA.

Encore des difficultés!... Comment! je vous laisse le choix! vous avez une arme de trois pieds, tandis que la mienne n'est que de six pouces... et vous vous plaignez?... Allons, en garde!

CORENTIN.

Ne tirez pas!...

VOLTA.

J'ajuste!... (*Il le poursuit.*)

CORENTIN, *cherchant à s'esquiver.*

Ne tirez pas!...

SCÈNE XIV.

LES MÊMES, THÉRÈSE. MADAME VOLTA.*

THÉRÈSE.

Arrêtez, monsieur, vous allez massacrer mon mari!

VOLTA.

Son mari!...

CORENTIN, *à part.*

Moi!...

THÉRÈSE, *bas à Corentin.*

C'est pour vous sauver... (*Haut.*) Mais, oui, monsieur, mon pauvre Hubert!...

MADAME VOLTA.

Les domestiques, mari et femme, que vous attendiez de Meaux.

VOLTA,

Ah! bon!... Mais vous avouiez tout-à-l'heure que c'était votre amant...

THÉRÈSE.

Pour vous faire enrager...

MADAME VOLTA.

Pour vous punir de votre jalousie...

CORENTIN, *à part.*

Elle appelle ça le punir...

VOLTA, *à Corentin.*

Allons... puisque c'est votre femme...

* Corentin, Thérèse, madame Volta, Volta.

CORENTIN.

Sans doute... cette chère... (*Bas à Thérèse.*) Comment vous appelez-vous ?

THÉRÈSE.

Oui, ta chère Thérèse... qui t'aime bien... et que tu aimes bien aussi...

VOLTA, *à part.*

Hum !... hum !...

CORENTIN.

Si je l'aime !... Là !... à présent que tout est éclairci... permettez que je m'absente un moment... pour... *

VOLTA, *lui reprenant l'épée.*

Ça n'est pas vrai !

THÉRÈSE, *se jetant au cou de Corentin.*

Ah ! monsieur, ne faites pas de mal à mon pauvre mari... ** il est un peu simple... un peu bête...

CORENTIN, *à part.*

Elle ne me connaît pas... je ne peux pas lui en vouloir...

THÉRÈSE.

Un rien l'ahurit... ce bon Hubert !... (*Elle lui tapote les joues et l'embrasse.*)

CORENTIN, *à part.*

Je me laisse tapoter les joues...

SCÈNE XV.

LES PRÉCÉDENTS, HUBERT. ***

HUBERT, *entrant.*

Qu'est-ce que j' vois là !...

THÉRÈSE.

Ciel !

MADAME VOLTA.

Hubert !

CORENTIN.

Hein !

} ENSEMBLE.

HUBERT.

Un homme qui embrasse ma femme !

VOLTA.

Sa femme !

* Thérèse, Corentin, Volta, madame Volta

** Corentin, Thérèse, Volta, madame Volta.

*** Corentin, Thérèse, Hubert, Volta, madame Volta.

THÉRÈSE, *allant à Hubert, bas et vivement.*

Tais-toi, je t'expliquerai...

CORENTIN, *à part.*

Ah ça ! mais, je n'en sortirai jamais !

VOLTA, *à Hubert.*

Tu as dit que c'était ta femme?

HUBERT.

Très bien donc que c'est ma femme... et que je vais faire payer à ce muscadin les privautés qu'il prend avec mon épouse.*

CORENTIN.

Lui aussi !...

VOLTA.

Bien parlé!... et je me mets avec toi,.. car, de deux choses l'une, mon gaillard !... (*Secouant Corentin.*)**

CORENTIN.

Mon Dieu ! si vous saviez combien peu je suis gaillard.

HUBERT, *lui mettant le poing sous le nez.*

Je vais te tremper une soupe.

CORENTIN.

Mais je manque d'appétit... merci...

VOLTA.

Suis bien mon raisonnement : de deux choses l'une; ou tu es l'amant de ma femme... alors ton compte est fait...

CORENTIN.

Mon Dieu !...

VOLTA.

Ou tu es l'amant de sa femme, à lui, et alors...

HUBERT, *même jeu.*

Je vais lui tremper une soupe...

CORENTIN, *à lui-même.*

Mon Dieu ! quelle rage a-t-il de vouloir me faire manger de sa cuisine?...

VOLTA.

Femmes, éloignez-vous.

MADAME VOLTA.

Annibal !...

THÉRÈSE.

Hubert !...

* Corentin, Hubert, Thérèse, Volta, madame Volta.

** Hubert, Corentin. Volta, Thérèse, madame Volta

HUBERT ET VOLTA.

Nous n'écoutons rien... *

ENSEMBLE.

Air : *On demande un Gouverneur.*

HUBERT.

Ah ! nom de nom, quel potage
Je vais lui servir, je gage
Qu'il n'en a jamais goûté
D' plus joliment mijoté ;
Monsieur veut faire sa tête,
Enjoler un' femme honnête,
Eh bien ! je vais mon cadet !
Te rabaisser le caquet.

VOLTA.

Je bous, j'écume, je rage,
Je vais le frapper, et j' gage
Qu'il n'aura jamais goûté
D'un coup de poing médité...
Oui, je me fais une fête
De bien lui laver la tête ;
Et voilà comme l'on fait
Pour punir un freluquet.

THÉRÈSE ET MADAME VOLTA.

A-t-on vu pareille rage !
Dieux ! quel bruit et quel tapage,
C'est trop fort, en vérité,
D'être à ce point emporté.
Que faire, j'en perds la tête
Pour calmer cette tempête...
L'accuser d'un tel méfait,
Il en est tout stupéfait !

(Après l'ensemble, ils se préparent à tomber sur Corentin.)

SCÈNE XVI.

LES PRÉCÉDENTS, LE COCHER, L'AGENT, *suivi de quatre hommes.* **

MADAME VOLTA, *avec effroi.*

Ah ! mon Dieu ! la garde !

CORENTIN, *avec joie.*

Ah ! c'est ma délivrance !

* Corentin, Hubert, Thérèse, Volta, madame Volta.

** Corentin, Hubert, Thérèse, l'agent, le cocher, Volta, madame Volta.

LE COCHER, *à l'agent.*

C'est ici et c'est monsieur que je viens de ramener! (*Il désigne Corentin.*)

CORENTIN, *avec satisfaction.*

Je ne le lui fais pas dire!

L'AGENT.

Vous en convenez donc?

CORENTIN.

Parbleu!

L'AGENT, *à ses hommes, et saisissant Corentin au collet.*

Empoignez-moi cet homme-là!

CORENTIN, *stupéfait.*

Moi!

L'AGENT.

Vous êtes connu dans le quartier pour un homme violent; la foule amassée sur le boulevard vous nommait en vous accusant quand je suis arrivé, ce cocher qui vous a ramené et qui est encore nanti de votre carte. (*Il prend la carte que le cocher lui donne.*) vous reconnaît... c'est assez clair, je crois... assassin!

CORENTIN.

Moi! quand c'est moi qui...

LE COCHER, *à l'agent.*

Permettez...

L'AGENT, *rudement.*

Vous ferez votre déposition.

CORENTIN, *se révoltant.*

Mais encore un coup...

L'AGENT, *reprenant Corentin qu'il avait lâché.*

Comment, encore un coup!... il veut recommencer! (*Il l'empoigne de nouveau.*) Allons, allons, vous vous expliquerez demain devant l'autorité supérieure; en attendant, vous al' coucher au dépôt de la préfecture.

CORENTIN.

Avec les voleurs, les assassins! jamais! (*Il se débat.*) Plu la mort!

L'AGENT.

Allons!... marchez!...

ENSEMBLE.

L'AGENT ET SES HOMMES.

Air l'*Étoile du nord.*

Allons, vit', marchez devant nous,
Sans plus tarder, et filez doux;
Sans manières et sans façons,
On va le conduire en prison.

VOLTA, MADAME VOLTA, HUBERT, THÉRÈSE.

Une pareill' scène chez nous !
Ne disons rien et filons doux.
Ils vont tout droit au violon,
Fourrer ce malheureux garçon.

CORENTIN.

Voilà, Fortune, de tes coups !
Il faut se taire et filer doux.
Dieux ! quelle chance et quel guignon !
On va me flanquer en prison.

(*On entraîne Corentin. — L'agent, le cocher, et les soldats sortent ainsi que Hubert et Thérèse.*)

SCÈNE XVII.

VOLTA, MADAME VOLTA. *

MADAME VOLTA.

Eh bien ! monsieur ?

VOLTA, *inquiet.*

Eh bien ! madame ?...

MADAME VOLTA.

Vous voyez les conséquences de votre brutalité... ce malheureux jeune homme... victime d'une erreur... emmené comme un criminel à votre place...

VOLTA.

Heureusement !... il m'épargne le désagrément d'être traîné... mais tout va se découvrir... on viendra... et je serai, à la face du quartier... de ma portière... non, jamais... (*Il marche avec agitation.*) Si je...

MADAME VOLTA.

Il faut...

VOLTA.

Non... mon passeport... mon sac de nuit...

MADAME VOLTA.

Que voulez-vous faire ?...

VOLTA.

Fuir... chercher des bords inhabités... fais-moi un petit paquet... un rien... les choses les plus indispensables... mes bas de soie... mes souliers vernis, mes gants paille... tout ce que tu voudras... mais vas... oh ! vas !...

MADAME VOLTA.

Vous êtes fou... prenez votre chapeau... allez trouver, de

* Volta, madame Volta.

vous-même le commissaire de police du quartier, expliquez-lui franchement l'aventure et tout s'arrangera... ce pauvre garçon n'a pas l'air féroce... ainsi!...

VOLTA.

Au fait!... non, je dois m'expatrier... mais comment sortir sans risquer d'être reconnu... madame Volta, je réclame de vous un acte sublime d'amour conjugal... prêtez-moi vos effets...

MADAME VOLTA.

Vous perdez la tête...

VOLTA.

Oui, je la perds... Amélie, sauve-moi, sauve ton époux... oh! quelle idée! je fus sapeur dans la garde nationale... on est toujours récompensé d'avoir servi son pays... il me reste une hache et une barbe postiche... dédaignons la hache... mais défigurons-nous avec la barbe... elle est là... dans cette armoire... je m'en garnis les maxillaires... on ne me reconnaîtra pas... Toi, prépare-moi ce que je t'ai dit... Du bruit! Ils viennent! non... va! oh! va!

MADAME VOLTA.

Mais c'est-à-dire que vous êtes...

VOLTA.

Je suis ce que je suis... toi, va, fais ce que je te dis... ah! n'oublie pas mon coupe-cors!

(*Madame Volta sort à gauche.*)

SCÈNE XVIII.

VOLTA *seul, puis* CORENTIN.

VOLTA. *Il va prendre sa barbe dans un placard et se l'applique.*

Ah! je crois que je me suis fourré là dans une mauvaise affaire... Un ancien qui ne manquait pas de moyens, Rabelais, a dit : si on m'accusait d'avoir pris la colonne Vendôme, je commencerais par filer... imitons sa prudence... Je m'enveloppe de mon burnous. (*Il met son burnous.*) Je me coiffe de ma casquette... avec cette barbe, je dois avoir l'air d'un étudiant... de quinzième année... satanée barbe... elle ne veut pas tenir... ah! voilà. (*A ce moment on entend un grand bruit dans la cheminée, un homme en sort en roulant, couvert de suie et méconnaissable.*) Ciel! un homme!

CORENTIN.

Où suis-je? Dieu! quelqu'un! (*Ils courent l'un vers l'autre d'un air suppliant.*)

* Corentin, Volta.

VOLTA ET CORENTIN, *ensemble.*

Monsieur, au nom du ciel! ne me perdez pas!

VOLTA.

Monsieur si vous êtes un voleur, comme je l'espère bien, vous n'avez aucun intérêt à me dénoncer.. au contraire... nous pouvons nous entendre...

CORENTIN.

J'étais empoigné, j'ai filé à travers les jambes de la force armée... je me suis jeté dans une porte ouverte... je suis monté au sixième étage... sur les toits... une cheminée me tendait les bras... sauvez-moi! dites, le voulez-vous?

VOLTA.

Quoi?

CORENTIN.

Vous ne m'avez donc pas compris?

VOLTA.

Vous êtes si barbouillé... voyons, entendons-nous, En ta qualité de gredin, tu dois avoir des moyens à toi... pour *t'esbigner* des maisons où tu t'es frauduleusement introduit.

CORENTIN.

M'esbigner!...

VOLTA, *à part.*

Je lui parle sa langue... il est flatté... continuons. (*Haut.*) Une fois dehors, nous jouerons tous les deux des *guibolles*, car tu m'as l'air d'un bon *zig* et quand nous nous la serons bien *cassée* tous les deux...

CORENTIN.

Ah! ça, mais pour qui me prenez-vous?

VOLTA.

J'ai lu Vidocq et je pratique son idiôme assez proprement... je t'ai reconnu tout de suite pour un *escarpe*...

CORENTIN, *criant.*

Un *escarpe*? hein?

VOLTA.

Oh! dans ta situation?...

CORENTIN.

Attendez donc, mais cet ameublement?...

VOLTA, *amèrement.*

Chassez le naturel... Il n'y a rien à prendre ici...

CORENTIN.

Ce tableau...

VOLTA.

Oh! une mauvaise gravure.

CORENTIN.

Poniatowski traversant l'Elster!.... Une sueur froide m'inonde. (*Il prend son mouchoir et s'essuie le visage.*)

VOLTA.

Bon!... v'là ma barbe qui se détache. (*Il va pour la rattacher, elle tombe; à ce moment Corentin est débarbouillé.*) C'est égal, partons!

CORENTIN, *le reconnaissant.*

Grands Dieux!

VOLTA, *même jeu.*

Fichtre!

CORENTIN.

Où fuir? (*Il va pour se sauver.*)

VOLTA.

C'est encore toi!... en voilà de l'aplomb... (*Il le poursuit.*) Ah! gueux!.. ah! misérable!...

CORENTIN, *fuyant.*

Au secours!

Air du *Gendre aux épinards.*

ENSEMBLE.

CORENTIN.

Cet homme est un barbare.
Quel triste sort il me prépare!
Si j' tombe sous sa main
Je n' serai pas vivant demain.

VOLTA.

Oui, la fureur m'égare,
Gare au sort que je lui prépare!
S'il tombe sous ma main,
Il ne s' ra pas vivant demain.

(*Corentin s'élance par la porte de la cuisine et la ferme au nez de Volta.*)

VOLTA.

V'lan!... dans le nez de l'enfant!... (*Il s'essuie le nez.*) Mais je vais te rattraper. (*Il essaye d'ouvrir la porte.*) Ah! le brigand, il a mis le verrou où il est sorti par l'escalier de service!... (*Il fait un vacarme affreux en secouant la porte.*)

SCÈNE XIX.

VOLTA, MADAME VOLTA.*

MADAME VOLTA, *tenant à la main un bougeoir qu'elle pose sur un meuble.*

Qu'y a-t-il?...

VOLTA, *prenant tragiquement le bras de sa femme.*

Je l'ai vu... il vient de revenir... il vous aime donc bien, madame?

MADAME VOLTA.

Mais qui?...

VOLTA.

Votre amant, madame!...

MADAME VOLTA.

Encore!... ah! décidément... je vais écrire au docteur Blanche de vous prendre en pension chez lui...

VOLTA.

Elle me traite de fou!... et elle veut me faire enfermer pour recevoir à son aise son galant...

MADAME VOLTA.

Ah! c'est trop fort!... monsieur, j'en ai assez... vous êtes impossible... je me sauve... je m'enferme dans ma chambre et je n'en bouge plus... et maintenant... criez, beuglez, tempêtez, gendarmez-vous à votre aise!... (*Elle sort en jetant bruyamment la porte.*)

SCÈNE XX.

VOLTA, *accablé*, *puis* CORENTIN.

Gendarmez-vous!... Me gendarmer!... affreux jeu de mot qui me rend à l'horreur de ma situation... Oh! les femmes sont lâches!... Eh bien, non! je reste!... (*Il jette sa barbe, etc.*) advienne que pourra... Après tout, un mari a le droit de veiller sur sa femme quand il croit qu'elle l'a... qu'elle le... (*On frappe.*) On a frappé! (*Même jeu.*) Qui est là?...

CORENTIN.

C'est moi!

VOLTA.

Connais pas!

CORENTIN.

Isidore Corentin, de Senlis.

* Volta, madame Volta

VOLTA, *prenant le bougeoir et allant ouvrir.*

Corentin! mon gendre!

SCÈNE XXI.

VOLTA, CORENTIN. *

(*Au moment où la porte s'ouvre, la bougie s'éteint. La nuit est faite.*)

VOLTA.

Bon! le vent a soufflé la bougie!...

CORENTIN.

Monsieur Volta?

VOLTA.

C'est moi, mon cher monsieur Corentin... je vous demande pardon si je vous reçois sans lumière... vous voyez... le vent... (*A part.*) Il ne voit pas mon trouble.

CORENTIN.

Ça ne fait rien... (*A part.*) Je n'en suis pas fâché... j'aurai le temps de me remettre.

VOLTA.

Excusez-moi si... Si vous saviez... Vous venez bien tard!...

CORENTIN.

Oui, peut-être... mais si vous saviez... Figurez-vous...

VOLTA.

Quoi donc?

CORENTIN.

Rien... je me suis perdu... Las d'arpenter au pas gymnastique des rues que j'ignore, je me suis jeté dans un cabriolet. Il paraîtrait que j'étais tout près de votre demeure... car au bout de cinq minutes... j'étais ici.

VOLTA.

Vous semblez ému...

CORENTIN.

C'est que... (*A part.*) Il est inutile de lui dire... (*Haut.*) Mais vous-même, je vous trouve tout chose...

VOLTA.

Oui, je suis quelquefois comme ça... (*A part.*) Je n'ai pas besoin de lui raconter... (*Haut.*) On vous attendait avec bien de l'impatience... Permettez-moi de mettre une cravate et de vous envoyer de la lumière par quelqu'un qui vous... que vous... enfin, vous savez... (*A part.*) Je vais lui envoyer ma fille... sa future... (*Haut.*) Ne soyez pas impatient, mon gendre! (*Il sort.*)

* Volta, Corentin.

CORENTIN.

Oui, beau-père.

SCÈNE XXII.

CORENTIN, puis CLARISSE.

CORENTIN.

En voilà des impressions de voyage, pour une première fois que je viens à Paris!... Ah! le calme de cet intérieur patriarcbal et paisible agit déjà sur moi... Clarisse... je vais la voir... le bonheur est proche... Le voici... avec une bougie... Clarisse!

CLARISSE, *un bougeoir à la main.* *

Ah! vous voilà donc enfin!... Comme vous arrivez tard!...

CORENTIN.

Laissez-moi vous regarder... Ah! Clarisse!... j'ai bien cru que je ne vous verrais plus... ni Senlis, ma ville natale... ni monsieur votre père, que je viens de ne pas voir, mais que j'aime d'avance de tout mon cœur. (*Il va déposer le flambeau qu'il a pris des mains de Clarisse.*) **

CLARISSE.

Que vous est-il donc arrivé?

CORENTIN.

Pardonnez le désordre de ma toilette...

CLARISSE.

Vous n'étiez guère pressé de me voir, à ce qu'il paraît...

CORENTIN.

Guère pressé, dites-vous? quand j'aurais donné tout au monde, moi... battu des flots de la tempête... pour me trouver dans ce port tranquille et sûr... dans ce doux asile... près de vous... près de votre excellent père... que je chéris sans le connaître...

CLARISSE.

Ah! monsieur Corentin... il vous est survenu quelque chose de désagréable... et vous me le cachez... Vous ne m'aimez plus!...

CORENTIN.

Moi?... ne plus vous aimer... mais si... moi, ne plus vous aimer, moi n'avoir pas quitté Senlis... pour venir vous demander en mariage à votre père... que j'aime en l'ignorant...

* Clarisse, Corentin.

** Corentin, Clarisse.

CLARISSE.

Que sera-ce donc quand vous le connaîtrez?... il est si bon !

CORENTIN, *la conduisant au canapé.*

Oui... que sera-ce?... ah !... Clarisse... je vous aime, croyez-le... j'en jure... par... (*Ils s'asseyent.*) Ah ça ! mais, je connais cet ameublement... je me jette à vos genoux... ce canapé !...

CLARISSE.

Mais vous avez l'air distrait...

CORENTIN, *à genoux lui baisant la main.*

Tenez, tenez, voilà mes distractions... je n'en veux plus avoir d'autres... Poniatowski !... (*Il regarde tout étonné et à genoux, tenant la main de Clarisse.*)

SCÈNE XXIII.

LES PRÉCÉDENTS, VOLTA. *

VOLTA, *entrant de droite.*

Que vois-je? Ah ! elle est trop forte, celle-là !...

CORENTIN.

Encore lui !...

VOLTA.

Ah ! gueux !... tu vas la sauter, cette fois...

CLARISSE, *l'arrêtant.*

Mon père !

SCÈNE XXIV.

LES PRÉCÉDENTS, MADAME VOLTA. **

MADAME VOLTA.

Ciel !...

VOLTA.

Voyez ce tableau... il est aux genoux de ma fille maintenant !

CORENTIN.

Sa fille !... serait-il son père?...

VOLTA, *lui tenant l'oreille tandis qu'il est à genoux.*

Mais, Lovelace manqué... que tu fasses la cour à ma femme, et à celle d'Hubert... nous sommes-là pour nous défendre... mais tu t'adresses à des jeunes filles de seize ans, misérable !... détournement de mineures !...

* Clarisse, Volta, Corentin.

** Madame Volta, Clarisse, Volta, Corentin.

CORENTIN.

Lâchez-moi !...

VOLTA, *allant à l'autre oreille.*

Mais elle n'est pas pour ton fichu nez, cette chère Clarisse... elle est destinée à un honnête homme qu'elle aime... car elle aime Corentin...

CORENTIN.

Hein ?

VOLTA.

Ne bouge pas !... ça me gêne pour te pincer l'oreille... oui, Corentin, un jeune et charmant garçon... ne bouge donc pas... que je chéris de tout mon cœur d'avance, sans le connaître...

CLARISSE, *qui a parlé à madame Volta.*

Mais c'est lui, papa !

MADAME VOLTA.

C'est lui !...

THÉRÈSE ET HUBERT, *entrant.*

C'est lui !...

CORENTIN, *se dégageant.*

Mais c'est moi, à la fin... Corentin...

VOLTA.

Corentin !...

CORENTIN.

Oui, Corentin... Corentin, arrivé de Senlis... allant dîner en ville chez son futur beau-père... qu'il croyait, hélas !... aimer d'avance, sans le connaître...

VOLTA.

Et qui dans son ignorance de l'édilité parisienne, demandait à une femme... sur le boulevard ?... et cette pile, que je croyais donner à un polisson... cette pile...

CORENTIN.

Ah ! monsieur Volta, quel mot avez-vous prononcé ?... j'aurais dû vous reconnaître...

VOLTA.

Ne nous rappelons que celle qui a illustré mon nom... oublions la dernière et... dans mes bras, Corentin... mon gendre... dans mes bras...

CLARISSE.

Je n'y comprends rien...

VOLTA.

Corentin... quels que soient les torts, n'importe d'où ils viennent, de votre côté ou du mien... je vous les pardonne... *

* Madame Volta, Volta, Clarisse, Corentin.

CORENTIN.

Oh ! merci !

MADAME VOLTA.

Et moi, monsieur?...

VOLTA.

Et vous, madame... quand vous voyez que j'ai oublié mes torts, serez-vous assez cruelle pour vous les rappeler?...

MADAME VOLTA.

Monsieur... ma résolution...

VOLTA.

Mon aïeul, le grand Volta, fit à la science l'hommage de sa pile, moi c'est à ma femme que j'abandonne désormais, l'usage de celle que j'ai aujourd'hui si mal appliquée... (*Il donne sa canne à Madame Volta.*)

CORENTIN.

Trop bien appliquée!...

MADAME VOLTA

Prenez garde... je m'en servirai...

CHŒUR.

Souvent ainsi, faut' de s'entendre,
On poursuit un rêve lointain,
Lorsque l'on pourrait si bien prendre
Le bonheur qu'on a sous la main.

FIN.

Clermont Oise. — Imp. A. DAIX.

www.ingramcontent.com/pod-product-compliance
Ingram Content Group UK Ltd.
Pitfield, Milton Keynes, MK11 3LW, UK
UKHW020216180726
13838UKWH00005B/2029